한낮의 서른

한낮의 서른

1판 1쇄 발행 2025. 06. 18
지은이 가랑비메이커
편집 | 디자인 고애라
발행처 문장과장면들 (979-11) 966454
등록 2019년 02월 21일 (제25100-2019-000005호)
팩스 0504) 314-0120
이메일 sentenceandscenes@gmail.com
인스타그램 instagram.com/sentenceandscenes

세상에 작은 빛을 전하기 위해 책을 만듭니다.
문장과장면들은 우리가 이야기하는 방식입니다.

한낮의 서른
at the most beautiful time

가랑비메이커 단상집

서른.

완벽하지 않아도 온전하지 않아도 괜찮다.

우리에게는 아직 시간이 있다.
이제 겨우 한낮에 도착했을 뿐.

한낮에, 가랑비.

1부

느리게 달리기

한낮의 서른 15 │ 그리움 없는 시대 18

침묵 19 │ 이불섬 20

알게 되는 것들 21 │ 뭉툭한 연필 22

서른의 착각 24 │ 잠깐 사이에 26

어른 28 │ 경유 29

젊음은 아까워서 31 │ 타이밍 33

표정 35 │ 꾸준한 사랑 37

경청 38 │ 나의 늙고 작은 개 39

남는 장사 41 │ 여름밤의 터널 42

봄의 신호 44

2부

머무는 바람

────────────────────────────────

움푹한 세월 49 ｜ 쓰지 않는 동안 51

누구나 울며 태어난다 53

지극히 사적인 54 ｜ 거울 속이기 56

숨바꼭질 57 ｜ 생각을 하지 않으려면 58

주제와 분수 59 ｜ 아침 60

늦은 편지 64 ｜ 봄 인사 67 ｜ 어항 68

모두 희미해진다 70 ｜ 아직 가능한 것들 72

겨우 나처럼 73 ｜ 나의 무대, 나의 문장 75

해설 있는 날 77 ｜ 행복은 행복 79

품위 81 ｜ 마지막 숨 85 ｜ 환기의날 89

3부

고요한 폭풍

반드시 찬란할 93 | 잠식 95

고요한 폭풍 96 | 사랑을 말하려면 97

서른 너머 사랑 99 | 거울 앞 여인 101

갈망하는 꿈 102 | 작은 마음 106

나를 아는 사람들 107 | 인연 109

오래된 노래 111 | 미안하다 113

옹졸한 마음 114 | 고구마 싹 115

사랑과 용서가 번지면 117 | 최초의 우정 118

맹 122 | 추락하는 마음 123

당신의 삶을 거슬러 124 | 목소리 126

4부

여전히 흔들리는 곳에

가스불 131 │ 적막과 적막 132

거울 너머 133 │ 기도 134

의심 135 │ 고수 136

휴일 137 │ 좋았을 그때 139

달리기 141 │ 인상파 142

간밤에 꾼 꿈 145 │ 까치와 까마귀 147

봄은 언제나 목련 151 │ 여름의 용기 153

야생화 156 │ 해방 158

레코딩 159

1부

느리게 달리기

한낮의 서른

스무살을 지나는 중에도 나는 종종 서른을 올려다보았다. 스물보다는 서른이 좋았다.

   스물……. 의식하지 않으면 힘 빠진 듯한 소리가 새어 나가는 스물보다는 서른.
   단정하고 힘있게 다물어지는 발음처럼 꼿꼿하게 살아갈 수 있을 것만 같았다. 서른쯤이면 조금 더 의연하게 나와 세상을 돌아볼 수 있을 줄 알았으니까.

   서른을 꼼짝없이 맞이하고 나서야 알았다. 하얀 도화지가 새로 주어지는 게 아니라 지난 실수의 밑그림들이 엉키고 겹쳐서 겨우 내가 된다는 것을.

여전히 잦은 늦잠.
달라지지 않을 것만 같은 실수와 투정.
뒷전으로 밀려나는 끼니.
커져만 가는 고집과 선입견.
이십 대와 달리 제자리걸음 중인 성과.
눕고만 싶어지는 마음까지……

  기다린 적 없는 모습들이 먼저 도착해 있었다. 그래도 이만큼은 왔다는 안도는 아직도 갈 길이 멀다는 질타에 금세 꺼져버렸다.

  그런데도 나는 서른이 싫지 않다. 엎질러진 실수를 수습할 줄 아는 요령과 관계에 휘둘리지 않는 의연함을 배웠고 사과와 용서에 도달하는 시간이 짧아졌다. 조금 더 나은 인간이 되어가는 것만 같은 착각도 즐겁다. 누가 뭐라고 해도 내가 나임을 부정하지 않는다. 조금 모자란 듯한 나라도 외면하지 않고 더 깊숙하게 안아주는 법을 이제는 안다.

서른.

완벽하지 않아도 온전하지 않아도 괜찮다.

내게는 아직 더 시간이 있다.

이제 겨우 한낮에 도착했을 뿐.

그리움 없는 시대

그리워할 틈이 없어서 서로를 더 깊이 헤아려 볼 수 없는 세상을 살고 있는지 모른다.

등을 보이고 멀어져 가는 동안, 각자의 처소에 머무는 동안, 다시 얼굴과 얼굴이 마주하기 전까지…. 공중의 보이지 않는 선이 부지런히 소식과 소문을 옮겨내는 사이, 어쩐지 우리는 더 멀어져 갔고 자주 잊혀졌다.

금요일 수업이 끝나고 나면 주말 내내 다시 만날 얼굴과 이름들을 복기하고 그리워하며 자랐던 그 시절, 우리에게 월요일은 병이 아니었다. 다시 처음 같은 반가움으로 힘껏 팔을 흔들며 달려 나가는 기쁨이었다.

침묵

적막은 그 자체로 공간이다.
고요는 하나의 음악이다.
침묵은 또 다른 메시지다.
텅 빈 곳에서 의미가 피어난다.

질서정연하고 무례하지 않은 말들이
태어나기 위해서는 얕은 적막과 고요,
꾹 다문 시간이 필요하다.

이불섬

잠든 이의 얼굴을 보면 미움의 긴 꼬리에 불이 붙는다. 파르르 떨리는 속눈썹을 따라 이내 파르르 타버리고 사라지는 미움…….

고요히 오르고 내리는 이불섬을 보고 있노라면 미움의 부스러기는 연민을 타고 사랑의 언저리에 도착한다. 마침내 애증의 그림자는 목소리를 낮추고 발뒤꿈치를 띄운 채 살금살금 사라져 버린다.

알게 되는 것들

사랑하는 이의 식사를 궁금해하는 일
울고 있는 사람의 등을 두드려 주는 일
걸음이 느린 사람을 돌아보는 일
곤란한 사람의 편에 서는 일

과목이 없어도 자연히 알게 되는 마음들이
여전히 세상을 지켜주고 있다고 믿는다.

뭉툭한 연필

오랜만에 만난 친구가 말하기를, 몇 해 전 겨울의 나는 뭉툭한 연필이 되고 싶어 했단다. 예리한 필촉으로 종이를 긁듯 이야기를 쓰는 게 아니라 뭉툭하게 종이를 감싸안듯 이야기를 쓰고 그렇게 살아가기를 바랐다던 그 겨울의 나.

어떤 마음으로 뭉툭한 연필이 되고 싶었는지 정확히 기억나지는 않는다. 다만 나 이외의 세상에 조금 더 곁을 주고 싶었던 것은 기억한다. 한때 날카롭고 예민한 나의 모습을 곧 명민함과 재능처럼 여겼다. 외로워지는 줄도 모르고 한없이 나를 갈고 닦았던 그 시절에 자주 부러지곤 했다. 남을 할퀴고 나를 넘어뜨렸던 계절이 지나고 다시 수계절을 건너오는 동안 나는 여러 번 깎였다. 거센 파도에 수없이 부딪히며 모난 돌이 둥글게 깎여가듯이.

뭉툭해진다는 것은 결코 둔하고 게을러진다는 것이 아니다. 안팎을 살피며 조금 더 사려 깊게 다듬어져 가는 것이다. 부러지기보다는 굴러갈 수 있도록….

필촉이 뭉툭해질 동안 많은 이야기를 쓰고 지우기를 반복했다. 많은 말을 삼키고 뱉기를 반복했다. 여전히 더 많은 파도를 마주 안아야 하지만 나의 지난 부침의 시간을 기억하는 이가 있다는 사실에 용기를 낸다. 다가오는 파도에 나의 모난 구석을 기꺼이 맡겨보기로.

서른의 착각

서른이 되면 어른이 되는 줄 알았다.

발음도 비슷한 서른과 어른. 얼버무리듯 살다 보면 어른이 되는 줄 알았는데 턱걸이를 하듯 안간힘을 쓰다 빨개진 얼굴로 30대의 첫 줄을 꿰고 나서야 모든 것이 착각이었단 걸 알았다. 서툴고 설익어서 자주 서러워지는 게 서른이었다. 낭만과 현실 사이에서 끊임없이 진동하며 여전히 표류하는 시간. 다 알 것 같았던 사람과 사랑과 삶은 다시 처음처럼 낯설다.

서른이 되면 어른이 된다는 것은 가장 쉬운 믿음이자 착각이었다. 이전과는 다른 새로운 페이지가 펼쳐졌고 그전에 외웠던 공식들은 모두 까맣게 잊어버려야만 한다. 다시 처음부터 하나씩 깨우쳐 나가는 것이 여전히 어른이 되지 못한 서른에게 남겨진 숙제다.

잠깐 사이에

잠시 물 한 모금을 마시는 사이에
쓰려고 했던 문장을 까맣게 잊어버렸다.
가만히 멈춰서 허공을 응시한다.

아무 소리도 나지 않는 오후 2시.
휑한 거실 너머 창밖을 바라보는데
작은 점 같은 것들이 사방으로 흩날린다.
흐리던 하늘이 조금 환해진 듯해
가까이 다가가니 작은 점들은 눈이었다.
잠시 옷깃을 여미는 사이에 여린 눈은
굵은 눈발이 되어 내리고 있다.

*잠시 잠깐 사이에 무언가 사라지고
무언가 일어난다.*

잊은 문장이 무엇인지 알아내려 애쓰는 대신
소파에 기대어 바람을 타고 하늘로
올라가는 흰 눈을 오래도록 바라보았다.

어른

꿈.

웃음.

배짱.

어른이 되어갈수록 줄어드는 것.

경유

출발하기에는 이미 도착해 있다고 느끼고
정착하기에는 아직 모험이 더 필요할 때
서른에 닿았다.

출발지도 도착지도 아닌 곳,
애매하다 하기보다 안도하는 곳에 가까운
경유지, 서른.

헝클어진 몸과 마음을 다시 정돈한다.
말라붙은 기름을 새로 채운다.
아무렇게나 남겨진 마음의 지문을 지우고
투명하고 맑은 창을 마주한다.

어디로든 가고 어디서든 멈출 수 있다.

느슨해졌던 마음이 다시 뛰기 시작한다.

호흡을 가다듬는다.

등떠밀려 시작하고 싶지 않다.

경로를 이탈할 용기로 새 길을 내고 싶다.

반쯤 뜨고 반쯤 감은 눈으로

어렴풋한 지혜와 사랑스러운 무지로

다시 한 발.

젊음은 아까워서

내게 젊음은 늘 아까웠다. 아까워서 제대로 놀지도 못하고 쉬지도 못한 채 스무살을 보냈다. 나의 스무살 봄과 겨울, 그 사이의 모든 날은 작은 독서실 책상에 주저앉은 채 커튼 막에 가려져 있었다. 아무 데도 가지 못해서 아무것도 벌지 못해서 제대로 된 끼니를 사 먹는 게 늘 아까웠다. 같은 이유로 립글로스 하나 바르는 것도 새 신을 신고 밖을 나서는 것도 아까웠다. 보풀 일어난 티셔츠에 무릎 나온 고무줄 바지를 입고 열심히 자전거 페달을 밟으면서 아직 내 젊음은 시작되지 않았다고, 그러니까 서러움이나 부끄러움 같은 게 대수냐고 열심히 나를 속였다.

스물한 살이 되고 스물아홉이 끝나서도

젊음은 여전히 아까웠다. 나는 젊음이 유일한 밑천이라도 되는 듯이 살았다. 밤을 새우고 무엇이든 긁어 모았다. 서글픔 같은 것은 살뜰히 모른 척하면서 앞만 보고 걷다가 서른이 되었다. 여리던 젊음은 이제 조금 닳았다.

조용히 닳아가는 동안 소리 한 번 내질러 보지 못한 젊음…. 아까워서 감추고 아끼는 동안 아까운 젊음이 멀어져 간다. 젊은이에게 젊음은 너무 아깝다. 다 써버려서, 다 쓰지 못해서.

타이밍

나는 늘 타이밍을 잡는 것이 어렵다.

 뜨거운 물에 우려 둔 티백을 건지는 타이밍을 놓치는 바람에 늘 쓴 맛만 보기 일쑤다. 친해지고 싶은 이에게 자연스럽게 말을 건넬 타이밍을 놓쳐서 그저 그렇게 스쳐 보내기만 했다. 날씨를 읽는 눈도 어두워서 이르게 꺼내 입은 옷 때문에 종종 덜덜 떨거나 땀을 뻘뻘 흘리곤 했다.

 조금 쓴 차를 마신다고 해서 달라지는 것은 없다. 누군가와 친해질 타이밍을 놓쳤다고 해서 절망할 필요는 없다. 어쩌면 그 사람과 나는 기대만큼 잘 맞지 않을 수도 있을 테니까. 반나절 추위에 떨거나 더위를 먹었다고 해서 당장에 큰일이 나지는 않는다.

다만, 아주 잠깐의 사이에 미묘하게 달라져 있는 맛과 관계와 온도……. 조금씩 어긋나는 사이에 벌어지는 틈이 하나의 방향을 만들어 나간다.

내일 아침에는 티백을 우리는 동안에 책을 펼치거나 휴대폰을 들지 않기로 한다. 바다를 건너왔다는 차의 향과 색을 제대로 음미하며 하루를 시작하고 싶다.

표정

나는 누군가의 표정을 금세 읽어버린다. 잠시 잠깐 스쳐 지나가 버리는 서운함이나 실망감을 놓치지 않고 알아차린다. 짧게 눈을 맞추고 인사를 나누는 사이에도 환영과 거절의 미소를 가를 수 있다. 덕분에 한 발짝 다가서야 할 때와 뒷걸음질해야 할 때를 구분할 수 있다.

서른이 된 후로 능력은 더욱 빛을 발했다. 불안으로 비롯된 언어를 적의로 오해하지 않으려 했고 친절을 사랑으로 읽지 않았다. 변덕스러운 다정에 기대지 않으려 애쓰고 나니 삶은 조금 더 안정되어 갔다. 갈등과 다툼의 중심으로 멀어진 삶, 눈먼 감정에 호소하지 않는 삶……

삶은 명료하고 고요해졌다. 구차해지거나

초라해지지 않았다. 다만 외로웠다. 실수와 실패가 없는 관계는 늘 제자리걸음이었고 치기와 낭만으로부터 멀어져 갔다. 허리가 꼿꼿한 노인이 된 기분이 되고 나니 문득 궁금해졌다.

내가 아는 것이 과연 나만이 알고 있는 것일까. 사람과 사람 사이에 진실보다 중요한 것이 있다면 진심이 아니었을까.

나에게로 오는 수많은 다리를 끊어버린 것은 나의 현명함이 아니라 오만함이었을지도 모른다는 늦은 자각이 밀려오는 저녁. 불 꺼진 거실 소파에 기대어 앉아 긴 시간을 보냈다.

꾸준한 사랑

꾸준한 사랑에 기운을 차린다. 늦잠을 자는 나를 위해 엉금엉금 조심스럽게 출근을 준비하던 당신이 식탁에 놓아둔 갈변한 사과 조각들처럼 촌스럽고 투박한, 나는 흉내낼 수 없는 꾸준한 그 사랑이 간밤의 악몽을 몰아낸다. 가뿐히…, 성실히….

경청

조용히 타인의 말을 경청하는 사람을 보면 알 수 없는 울컥함이 밀려와 마음의 경계가 허물어진다. 긴 말의 허리를 끊지 않고 발등까지 쓰다듬듯 고요히 고개를 끄덕이는 모습을 볼 때면 지난밤 꿈속에서 저질렀던 실수까지 털어놓고 싶어진다.

굳게 닫힌 문을 여는 것, 깊이 가라앉은 말들을 건지는 것은 요란하지 않은 진심뿐이다.

나의 늙고 작은 개

해가 바뀌면서 조금 더 나이를 먹은 나의 작은 개는 가만히 잠에 들었다가도 천둥 같은 기침을 토하며 일어난다. 작은 몸통을 울리는 잦은 기침을 토하며 힘에 부쳐 하다가도 이름을 부르면 달려와 꼬리를 흔든다. 흰 눈이 묻은 것처럼 입매가 하얗게 세고 듬성듬성 털이 빠진 자리를 부지런히 긁는 모양을 볼 때면 영락없이 영감님이다.

    현관문을 여는 소리를 듣고도 잠에 취해 일어나지 못하는 모습을 몇 번 본 뒤로는 외출해 돌아올 때마다 기대와 걱정을 품고 문을 연다. 그때마다 총기 가득한 눈빛과 큰 목청으로 왔냐고 알은체하는 그 모습이 가끔 애처로울 때가 있다.

너는 대체 얼마나 긴 세월을 기다리며 보냈을까.

가장 나중까지 배웅하고
가장 먼저 마중을 나오는 사이에
너는 무엇을 하고 있었을까.
가려진 시간 동안 성실히 늙어간 걸까…….

여전히 호기심 가득한 까만 두 눈으로 나만을 좇는 너의 마음을 읽고 싶은 저녁이다.

남는 장사

누군가를 기쁘게 하는 일이 나를 기쁘게 하는 일이라는 것을 알게 되었을 때 꽃을 사기 시작했다. 겨우 한 두 주를 버티다 사그라지는 여린 생기를 품는 일이 낭비일 수 없었다.

    맑은 기대를 찰랑이는 꽃병이 되어 사뿐사뿐 걷는 길은 늘 짧았고 그 끝에 마주하는 봄눈처럼 짧은 미소의 기억은 길었으니, 내게 꽃을 사는 일은 언제나 남는 장사였다.

여름밤의 터널

여름의 초저녁은 환하다. 조금 더 걷거나 조금 더 이야기를 나누어도 좋다고 안심을 시키듯이.

다만 여름은 긴 해를 거두고 나면 그 어느 계절보다 짙고 짙은 밤을 드리운다. 환하게 빛나던 얼굴이 짙푸른 그늘에 삼켜지는 줄 모르고 주고받는 대화의 리듬과 걷는 박자에 마음을 쏟다 보면 어느덧 푸른 터널 속에 도착해 있다. 보이는 것이라고는 반짝이는 두 눈만이 전부인 시간.

나는 그 시간을 여름밤의 터널이라고 부른다. 작게 속삭이는 말들이, 함께 걷는 발소리가 커다랗게 울리며 안도의 파동을 만드는 시간, 내내 길을 잃어도 좋을 작은 빛을 서로에게서 찾는 그 시간.

  우리는 어둠 속에서 사랑을 줍는다.

봄의 신호

겨우내 방 안에 숨어서는
찬란한 봄의 신호를 읽을 수 없다.
용기를 내야 할 이유는 먼 곳에 있지 않다.

작은 새의 움직임을 좇기 위해서
희미한 바람의 냄새를 맡기 위해서
나른한 오후, 꿈결 같은 산책을 위해서
고작 이만큼 누리기 위하여
그리하여 살기 위하여…….

봄을 안녕히 내어주고 여름을 뜨겁게 앓고
나면 가을을 다독일 힘을 얻게 될 거다.
소리 없이 자라난 머리칼처럼
기운도 용기도 조용히 자라나는 중이다.

어쩌면 다시 찾아올 겨울은
맨몸으로 맞이할 수 있을지도 모른다.

2부

머무는 바람

움푹한 세월

삶이 지나치게 무료하거나 버겁게 느껴질 때면 누군가의 유작을 펼쳐 읽는다. 생의 잉크가 다 말라가는 순간에도 멈추지 않고 더듬더듬 기어코 써야만 했을 문장 너머로 주름진 손등과 말라버린 입술을 마주한다.

정지와 고요.

 만난 적도 없이 떠난 이들의 오래된 침상과 의자를 떠올린다. 움푹 들어간 세월, 긁히고 흠 진 굴곡의 흔적. 멈출 줄 모르고 달렸을 오래전 청춘과 늘어진 테이프처럼 느리고 어눌하게 생을 이어가다 마침내 긴 잠에 드는 순간……, 그 어디쯤에 내가 놓여 있다. 아직, 겨우 한낮을 지나는 중이다. 무엇이든 시작될 수 있는, 동시에 언제 모든 것이 사라지고 끝이 나도 이상하지 않은.

　만일 나에게도 조금 더 무르익고 낡아져 마침내 눈을 감는 세월이 허락된다면……. 지금 내가 해야 할 일은 생의 잉크를 부지런히 소진시키는 일이다. 가늠할 수 없을 만큼 긴 시간이 흐른 후에 지난한 삶을 지나는 누군가가 우연히 나의 글을 마주했을 때, 이 지독한 삶에도 사랑과 유머가 함께라는 것을 알려주기 위해서.

쓰지 않는 동안

한 순간도 허투루 보내지 않기 위해, 세세하게 감각하고 기억하기 위해 쓰기 시작했으므로 지난 몇 달간은 아무것도 쓰지 않았다.

어떤 슬픔은 문학적으로 표현하기에 벅차고 어떤 고독은 일기장에 쓸 수 없을 만큼 초라하다. 이름도 붙이지 않은 괴로움만이 곁에 머물러 나와 행복을 이간하던 시간에 나는 하얀 종이 앞에 벙어리처럼 두 눈만 깜빡였다. 까맣고 커다란 먹구름이 어서 지나가 주기를 바랐다. 거센 바람이 몰고 온 비에 흠뻑 젖고 나서야 바램처럼 긴 슬픔이 갰다.

그제야 돌아서서 슬픔과 고독이 지나간 자리를 샅샅이 바라본다. 아무것도 쓰지 않았는데 거짓말처럼 선명하게 감각하고 기억하는 것이 있다. 공평하지 않은 기억과 다 마르지 않은 눈물로, 비로소 시작되는 이야기가 있다.

누구나 울며 태어난다

눈물이 많은 나를 종종 어린아이 취급하듯 하는 사람들이 있지만 나는 안다. 찔러도 눈물을 한 방울 흘리지 않을 것처럼 단단한 얼굴을 한 당신들도 태어날 때는 모두 악착같은 울음을 터뜨리며 태어났다는 것을.

우리의 모든 감탄사의 시작은 눈물이었다. 단지 당신들은 그 눈물을 까마득히 잊었고 나는 오래 기억하는 사람일 뿐이다.

지극히 사적인

아름다운 것을 보면 울어버리고 만다는 사람을 만났다. 묻지 않는데도 눈물의 이유를 줄줄이 설명하던 천진한 얼굴이 우습기보다 근사해 보였다. 아름다운 것을 보며 울어본 적은 있지만 나는 그 이유를 설명해 본 적이 없다. 아무도 묻지 않았기에, 아름다운 것을 볼 때면 짧은 황홀감 뒤에는 길고 짙은 슬픔이 따라온다는 것을 나는 비밀처럼 간직했다.

아름답고 찬란한 순간에 사랑하는 이들과 함께일 수 없다는 사실이 슬프다고 그녀는 말했다. 우리는 조금은 비슷하고 다른 이유로, 카메라를 들고 탄성을 지르는 사람들 사이에서 조용히 눈물을 흘렸다. 이해와 인정으로부터 자유로운, 지극히 사적인 눈물이었다.

거울 속이기

스스로가 초라하게 느껴질 때는 남보다 나를 먼저 속여야 한다. 종일 함께하며 의지했던 내가 나를 업신 여기지 않도록.

숨바꼭질

세상이 나를 알아주지 않는다고 생각이 들 때는 내가 세상 밖으로 나와 있는지 생각해 보는 게 좋다.

    세상은 숨어 있는 나를 구석구석 찾아주는 술래가 아니다. 머리카락 보일라 꽁꽁 숨어서는 결코 발견될 수가 없다. 의기소침해지더라도 기합 한번 내지르고 밖을 나서야 한다. 한번도 기죽지 않은 것처럼 사람들 속으로 뛰어들어야만 한다.

생각을 하지 않으려면

생각하지 않으려고 하면 생각이 활개를 친다.
개미만 하던 생각을 끊어내기 위해서는
코끼리만 한 생각을 끌어들여야 한다.
작은 침대에 누워서 옅어지지 않는 생각에
새롭게 덧칠하는 생각들…….

생각을 하지 않으려면
생각하지 않으려는 마음 먼저 잊어야 한다.

주제와 분수

자신의 주제와 분수를 알 때 비로소 진짜 어른이 된다. 필요와 허영을 구분할 줄 아는 사람에게는 자기 연민과 자기 과시는 남의 이야기가 된다. 더는 곁눈질하지 않는다. 무엇을 먹고 입고 마시든 자유할 수 있다.

다만 분수의 깊이를 헤아리기 위해서는 온몸을 적셔야 한다. 주제를 파악하기 위해서 알몸이 될 용기를 내어야 한다. 스무 살이 되면 거저 되는 어른이 아니라, 작은 수모와 부침의 세월을 보낸 진짜 어른이 되어야만 자유를 누릴 수 있다.

아침

아침에 눈을 뜨면 습관처럼 일어나 씻고 나가기 바쁘다고 푸념을 늘어놓는 친구들 사이에서 가만히 나의 아침을 떠올린다.

이른 새벽 아니면 늦은 아침, 들쭉날쭉한 기상 시간….

아침에 일어나면 얼마간 멍해진다. 간밤에 꾼 꿈을 눈앞으로 펼쳐보기를 잠시, 무엇부터 시작하면 좋을지 막막해지는 아침들을 숱하게 보내왔다. 스스로 일어나 스스로 써나가야 하는 날들… 무엇이든 할 수 있지만 동시에 아무것도 하지 않을 수 있는 막연함이 때때로 아침을 잠식한다.

글을 쓰는 사람을 꿈꾼 이후로 나는 늘 등교와 출근 없는 삶을 갈망했다. 이르게 문밖을 나섰어도 등굣길과 출근길에 마주치는 상념과 문장들을 떨치지 못해 지각을 면하지 못했던 그 시절, 나에게 불성실은 또 다른 성실이었다.

문장은 얌전히 쉬는 시간을 기다렸다가 찾아오지 않았다. 수학 문제를 풀던 중에나 짝꿍과 회화 연습을 하던 중에 불쑥 찾아왔다 불쑥 숨어버리는 문장들에 늘 전전긍긍했다. 사라진 문장의 흔적을 좇는 동안 나는 종종 잠든 것처럼 멍한 시간을 보내거나 지나치게 예민해지고는 했다.

끝이 없는 술래잡기 속 영원한 술래가 된 기분으로 학교를 마치고 짧은 사회생활을 겪었다. 그리고 마침내 제멋대로 찾아오는 문장을 언제든 포획할 수 있는 삶을 살게 됐다.

아침을 열고 밤을 닫는 것이 오직 나라는 것은 자유였고 동시에 속박이기도 했다. 나를 다그치는 것도 격려하는 것도 오로지 나뿐인 하루는 종종 아침을 상실했다. 아무리 늦게 하루를 시작해도 어디서도 지각하지 않았다. 더는 수치와 기다림이 없었다. 다만 지나치게 고요했다. 그리고… 아무 일도 없었다.

- 악, 늦었다. 얼른 다녀올게.

약속된 시간을 지키기 위해 어떻게든 삶을 이끌고 나가는 사람들의 커다란 보폭, 헝클어진 머리칼, 흐트러진 옷매무새, 가쁜 숨… 좁은 엘리베이터와 만원 전철 안에 기꺼이 던져지는 몸…… 삶의 활기와 불규칙한 희로애락으로 채워지는 그들의 아침에는 고요히 잠든 나의 아침보다 더 많은 이야기가 있다. 지난

나의 시끄럽던 학창 시절과 구차하고 처절했던 짧은 사회생활이 그러했던 것처럼.

  문장이라는 것은 어떻게 찾아오는가. 고요하게 기다리는 이에게는 찾아오지 않는다. 제 몸을 세상에 던지고 기꺼이 부서지고 다시 봉합하기를 반복하는 사이에 슬그머니 찾아오는 것, 툭 던져지는 것….
  그리하여 다시, 다시 아침을 흔들어 깨운다. 이따금 푸른 새벽에 갈 곳 없는 나를 어디에든 데려다 툭 던져둔다. 아무렇게나 새겨진 발자국이 가득한 곳, 끊이지 않는 말소리가 어지럽게 흘러가는 곳. 어쩌면 그곳에서 이야기가 나를 기다리고 있을지도 모른다.

늦은 편지

*

영원히 지켜줄 것만 같은 다정과
견고하게 보이던 사랑이
한 겹 한 겹 녹아 사라질 때
마침내 알몸이 되어 수치와 추위로
온몸이 떨릴 때,
닥치는 대로 아무 사랑을 주워 입는 게
아니라 두 손으로 맨몸을 끌어안아야 한다.
때로는 악착같이 나 자신을 사랑해야만
사라지지 않을 수 있다.

악착같지 못하여 사라져 버린 이름들이 떠오르던 밤에 밤새 뒤척이다 메모를 남겼다. 정확히 누구를 향하여 썼는지 알 수 없었지만 이것은 늦은 편지였다.

 아직 안아줄 수 있던 시절과 더 자주 부를 수 있었던 이름들이 사라지기 시작했다. 언제부터… 몇 해 전부터… 아니, 어쩌면 내가 태어나기도 훨씬 오래전부터. 저마다 다른 모양의 괴로움을 겪으며 뜻하지 않게 삶이 구겨지기 시작했으리라. 내게도 그러한 시간이 있었다. 있는 힘껏 입김을 불어넣어도 부풀 생각 없는 구멍 난 풍선처럼 푹 꺼져 있던 젊은 날들….

 짙던 그늘을 털고 일어날 수 있던 힘은 내가 내게 건넨 악착같은 사랑과 이기에 가까운 다정이었다. 몸과 마음에 아무렇게나 난 구멍을 가장 촘촘하게 메꿀 수 있는 건 어디선가

홀연히 나타난 두꺼비가 아니라 바싹 마른 내 두 손이다. 있는 힘껏 나를 안을 때 심장은 가장 크게 울린다. 세상 끝에 내몰린 듯한 절망 속에서 나는 나의 열렬한 지지자가 되기로 했다. 슬픔을 함께 토하고 기쁨에 웃음을 터뜨리고 수치를 깊이 안아주면서…

 지난밤 사이에 또 다른 이름 하나를 잃었다. 모두가 잠든 사이에 조용히 과거가 되어버린 이름에게, 이 문장들은 부쳐지기도 전에 늦은 편지가 되었다. 다만, 아직 늦지 않은 이름들이 있다. 여전히 유효한 삶과 괴로움과 슬픔과 수치에 이 편지가 가닿기를 바란다.

봄 인사

어느 봄이나 겨울을 건너왔다는 것. 그것보다 다정한 위로는 없어서 이따금 봄볕에 나른해지는 오후가 내려앉으면 이름표 없는 눈물이 흐른다.

    창 너머로 바쁘게 걸음을 옮기는 이들의 뒷모습을 바라보면 어느 봄에나 겨울의 흔적이 숨어 있을 거라고, 그들이 감춘 눈물 자국을 상상해 보고는 한다. 어디론가 부지런히 달려가는 그들의 등을 손가락으로 몰래 밀어주면서… 이것은 나의 다정일까, 아직은 다 밀어내지 못한 슬픔일까.

어항

수다스러운 사람들과 있을 때 나는 종종 어항 안에 갇힌 상상을 한다. 물속에서는 소음이 소음처럼 닿지 않는다.

어웅 어웅… 우엉 우엉…

일렁이듯 삼켜지는 소음 속에서 나는 마음껏 공상이라는 어항 속을 헤엄친다. 시간이 갈수록 나를 궁금해하지 않는 사람들에게는 나를 한 방울도 흘리고 싶지 않아진다. 무심한 날들에 흘려버린 진심이 너무 많다. 바스락바스락 부서지고 말라간 시절이 길다. 이제 더는 말라비틀어진 관계에 나를 쏟고 싶지 않다.

어웅 어웅…

들리지 않아도 어항 속에서 외치는 말들이
대화보다 깊어질 때 어른이 되는지도 모른다.

모두 희미해진다

살다 보면 죽을 때까지 잊을 수 없을 것만 같은 수치와 상처를 마주하곤 한다. 겨우 이만큼밖에 살아보지 못했지만 어떤 수렁은 끝을 생각하게 하니까. 그러나 삶은 원래 구차함과 부끄러움의 역사다. 벌거벗은 채로 구정물을 뒤집어썼을 때는 아무 문이나 두드리고 들어가 씻고 나오면 그만이다. 가만히 서 있다가는 뚝뚝 떨어지는 구정물이 긴 꼬리처럼 따라온다. 말끔해진 얼굴로 아무것도 모르는 척 시침을 떼다 보면 모두 희미해진다.

살아가면 살아진다. 희미해진 수치를 덮는 것이 또 다른 선명한 수치와 괴로움일지라도, 우리에게는 망각이라는 한시적 자유가 있다.

삶은 원래 자유와 속박을 부지런히 오가는 것. 인생에는 내내 묶인 자도 온전히 자유한 자도 없다. 멀리서 바라보았을 때 우리가 모두 거기서 거기라는 사실이 썩 위로가 되는 날이 있다.

아직 가능한 것들

갈 수 있는데
할 수 있는데
그러지 않았던 것들…

가능했던 것들이 불가능해진 지금에서야 절실해진다. 겨우 서른을 지났을 뿐인데 후회가 눈두덩이처럼 불어난다. 차갑고 무거운 회한을 굴리며 생각한다. 앞으로 살아갈 수많은 날들에, 아니 지금 여기에서 내게 아직 가능한 것들은 무엇이 있는지.

겨우 나처럼

아주 드물게 나처럼 살고 싶다는 이야기를 듣는다. 나처럼? 나처럼! 나처럼….

    나처럼 작가라는 꿈을 이루고
    나처럼 매일 아침 커피를 내려 마시고
    나처럼 평일 오후를 마음껏 살고
    나처럼 원하는 글이나 쓰며 살고 싶다고.

나처럼 살기를 원하는 사람들은 모두 나의 삶을 모른다. 모르기에 가능한 일이다. 본래 우리가 바라는 것들은 한 편의 모습에 불과하다. 다른 한 편에는 기대한 적 없는 그림이 펼쳐지는 것이 삶이다. 그리하여 나처럼 살고 싶다는 이들에게 나는 지그시 웃어 보이며 입을 뗀다.

　당신들의 꿈이 겨우 내가 되어서는 안 된다고.

나의 무대, 나의 문장

왜 글을 쓰며 살고 싶었나. 그 시작을 이제와 생각해 본다. 가난이 가난인 줄 모르고 민감한 시절을 건너왔다. 세상을 알아갈수록 주변이 선명해질수록 나는 희미해지기 시작했다. 어딘가에는 나를 외쳐야 하는데 내게 가장 가깝고 가장 값싼 무대는 이면지였다.

기한이 짧은 안내장이 교실 뒷마루에 버려지고 쌓이는 동안 내 무대도 커져갔다. 깊어갔다. 홀로 남겨진 불 꺼진 무대 위에서야 비로소 자유롭게 소리치는 연습생처럼, 사라지고 싶지 않아서 투명해지지 않기 위해서 쓰기 시작했다. 아직은 누구도 궁금해하지 않는 나의 슬픔을, 나의 그늘을 펼치는 동안 나는 더욱 짙어졌다. 흡수되지 않고 흔들리지 않고 사라지지 않고… 내 몫을 다 하며 살아낼 수 있었다. 그러니까 나는 살고 싶어서 쓰고 싶었다.

여전히 내가 사라질 것만 같은 기분이 들 때면 악착같이 무엇이든 쓰기 시작한다. 쓰는 동안 만큼은 나는 그곳에서 언제나 주인공이 된다. 이야기를 시작할 때면 모든 세계는 나로부터 시작되고 음미되고 반짝이며 무너지고 흩어진다.

해설 있는 날

가끔 속으로 나의 행동과 감정을 해설할 때가 있다.

'그녀는 아침을 먹는 대신 일찍 밖을 나섰다. 약속이 있던 것은 아니었지만 집 안에만 머물러 있다간 쓸쓸해질 것 같은 기분이 들었기 때문이었다… 그녀는 늦은 밤 버스 창에 비친 승객들의 얼굴을 주의 깊게 관찰했다. 흔들리는 얼굴들이 낯설지 않았다….'

특별할 것 없는 날들, 아무도 궁금해하지 않는 오늘의 감정, 마주한 얼굴 없이 마감하는 하루…. 이대로 저 어딘가로 사라지려는 장면들을 붙잡기에는 일인칭 주인공 시점 소설처럼 살아보는 것이 좋다. 주인공의 걸음을 따라 생생하게 펼쳐지는 장면과 비밀스럽게 흘러가는 생각과 감정은 혼자인 듯하나 (보이지 않는 독자와) 함께이고 무의미한 듯하나 여운이 숨어 있다.

이따금 누군가 내 삶을 엿보며 비밀스러운 응원을 보태고 있다고 믿고 싶어질 때면 '나'를 '그녀'라 부르며 걸음을 은밀히 따라간다. 나의 고독이 그녀의 고독이 되고 나의 농담이 그녀의 농담이 될 때, 나는 나를 위해 더 오래 울어주고 더 크게 웃어줄 수 있다. 적어도 한 사람의 시선과 응원은 내 것이 된다.

행복은 행복

이달에는 축하할 일이 많았다. 기다렸던 공모전에 선정되었고 경쟁률이 높던 행사에 참가를 확정 짓게 되었다. 긴장되는 마음으로 결과를 확인할 때마다 다행이라는 말을 자주 했다. 참 다행이라고.

다행의 뜻은 '**뜻밖에 일이 잘 되어 운이 좋음.**'이다. 기다렸던 선정 결과가 뜻밖에 일은 아니었다. 내내 뜻을 품고 만전을 기하려 애썼던 일이었다. 낮을 까맣게 밤을 하얗게 태우며 기다렸던 결과 앞에서 나는 왜 겨우 다행이라는 말로 행복을 대체했을까.

고작 '**참으로 다행**'이라는 말만으론 나의 기쁨을 다 표할 수 없다. 겸손이 미덕이라는 것은 과정에서 잊지 않되 축하의 순간에서만큼은 다행 대신 [**몹시 행복**], [**미치게 기쁨**] 같은 말로 온 마음을 다하고 싶다. 못다 표현한 마음에 딸꾹질이 나지 않게.

지난 일기를 펼쳐서 다행이라 쓴 글자 위에 선을 긋고 그 옆에 행복이라고 고쳐 쓴다. **행복의 뜻은 '생활에서 충분한 만족과 기쁨을 느끼어 흐뭇함. 또는 그러한 상태.'다.** 살아가는 동안 드물게 찾아올지도 모르는 행복에 다른 이름표를 붙이는 일은 이제 없을 거다.

품위

서점에 가는 일을 두려워하던 시절이 있었다. 글을 잘 쓰는 작가들이 이토록 많고, 잘 만든 책들이 매일 쏟아져 나온다는 사실에 마음이 하얗게 질렸다. 화려한 추천사와 띠지를 두른 책들에 밀려나 맨 구석에 조용히 웅크리고 있는 내 책들을 보고 난 후였을까. 책을 내기 전에는 긴 시간을 보내기를 좋아하던 서점이 책을 내고 난 후는 마치 초대받지 못한 파티장 같았다. 들어서고 싶은 마음과 도망치고 싶은 마음이 어색하고 불편하게 걸쳐져 있었다.

차츰 더 서점을 출입하는 일이 줄어 갔고 다른 책을 찾아 읽는 일에 두려움을 느끼기 시작했다. 그럴수록 나의 글은 깊어지기보다는 좁아지기 시작했다. 알량한 자존심과 시기심을 먹고 자라는 것은 두려움뿐이었다. 그러다 우연히 이전에 써두었던 메모를 발견했다.

쭉 계속하다 보면 그 사람의 품위가 나타나는 거예요.
2002년, 파리 장 브롤리 화랑 윤형근 개인전 인터뷰 영상 중에서

오래전에 전시를 다녀온 후에 남긴 메모였다. 감명 깊었던 작가의 말을 옮기고 그 옆에는 '유명보다 품위'라고 적어 두었다. 지금보다 더 무명하던 시절의 내가 어떤 이유로 유명보다 품위를 원했는지 알 수 없지만 그때의 내가 지금의 내게 어떤 말을 하고 싶은지 알 것 같았다. 나는 유명도 품위도 없이 단지 요행을

바라고 있었는지도 모른다. 아직 더 가보아야만 무엇을 얻고 무엇을 기꺼이 포기할 수 있을지 알 수 있다. 가다 말고 서서 곁눈질을 해서는 품위도 유명도 내 것이 될 수 없다. 이것이야 말로 진정한 두려움이었다.

    두려움이 실체를 가지지 못하도록 더 자주 서점을 오갔다. 좋은 책을 만날 때면 눈먼 시기 때문에 보물을 만난 독자의 기분을 잃지 않으려 애썼다. 마음껏 누군가를 존경하고 추종하는 일의 기쁨을 다시 회복하기 시작했다. 더는 내 책이 놓여 있는 자리가 쓰는 자유를 침범하지 못했다. 그리하여 유명해졌는가?를 누군가 내게 짓궂게 묻는다면, 유명은 여전히 내 것이 아니지만 품위를 지켜가는 중이라고 답할 수 있겠다. 내 책들의 자리가 어디든지 서점을 떠나지 않는 한 나는 계속 쓰는 사람이고 어디선가 읽히고 있는 중이다.

언젠가 내 품위를 더 많은 이들이 발견해주지 않을까 하는 기대는 여전히 져버리지 않았다. 글을 쓰는 이들에게는 언제나 오늘보다 더 많은 내일의 독자가 필요한 법이다.

마지막 숨

수영을 배우기 시작하면서 물속에서 첫 숨과 가장 다른 모양의 숨이 마지막 숨이란 것을 알게 됐다. 수영을 시작할 때 쭉 뻗은 레일을 한번 바라보다 물 속에 엎드린다. 호기롭게 뱉는 첫 숨과 함께 손을 쭉 뻗으며 힘차게 물길을 가르며 나아간다.

음-파합, 음-파합…
음-파합, 음-파합…
음-파합, 음-파합…

음-파합, 음-파합…
음-파 하, 음-하…압

음-읍, 하…압

 시간이 지날수록 팔은 구부러지고 몸이 기울기 시작한다. 일정하게 뱉던 호흡이 망가지고 다리가 무거워지기 시작한다. 레인 끝이 점점 가까워지고 있다는 것을 눈치챈 탓이다.
 '이제 다 왔나. 속도는 좀 빨라졌나. 자세는 어땠을까. 이제 좀 쉬어도 되겠다….' 너무 많은 생각을 하는 탓이고 무엇보다 수영 자체를 즐기지 못한 탓이다.

 호흡하는 법을 외우지 않고 호흡해야 오래 숨을 쉬듯 레인의 길이를 잊고 물속을 즐길 줄 알아야 자세가 흐트러지지 않을 수 있다. 시작이 시작인 줄 모르고 끝이 끝인 줄 몰라야 가장 자연스러운 흐름이 탄생할 수 있다.

그러나 나는 늘 시작과 동시에 끝을 떠올렸다. 지금 시작하면 언제, 어디에서 끝을 맺을 수 있을지. 맺음부터 생각하는 바람에 어떤 일을 하든 끝에 다다를 때면 늘 긴장이 풀렸다. 아직 끝이 아닌 끝에 가까워졌을 뿐인데, 마음은 이미 물밖에 둔 채 망가진 호흡으로 물을 잔뜩 마셨다.

"끝을 생각하지 말고
같은 걸 반복한다고 생각해 봐.
같은 속도와 자세로 계속 헤엄치다 보면
어느새 도착해 있어."

맞다. 끝은 생각하는 것이 아니다. 끝은 생각하지 않아도 갑자기 도착해 있는 것. 나보다 수영을 먼저 시작한 언니의 말을 따라보기로 했다.

첫 숨과 마지막 숨이 아니라 그저 모두 같은 숨일 뿐이다. 같은 모양으로 내뱉고 같은 속도 들이마시는 숨. 이제 내가 배워야 하는 것은 다른 어떤 영법보다도 일관되게 인내하는 법이다.

환기의 날

마음에 환기가 필요할 때면 앉은뱅이처럼 머물던 작업실을 주저 없이 떠난다. 커피 한 잔을 마시기 위해 동네를 벗어나고 도로를 달려 더 깊은 곳으로 들어간다.

얇은 책 한 권과 플랫화이트 한 잔을 아끼듯 음미하는 시간. 몇 줄의 문장을 눈에 담았다가 중요하지 않은 대화를 나누고, 가만히 창밖을 바라보다 마주친 여린 존재들을 향해 수줍게 웃어 보인다. 천장을 타고 흐르는 노랫말을 따라서 오래된 얼굴들을 추억하다 엎어둔 책을 다시 품 안에 안는 일…. 고작 이런 시간을 위해서 나는 몇 번이나 먼 길을 떠난다.

매일 아침부터 늦은 저녁까지 성실하게 자

리를 지키던 것과는 아주 다른 모양으로 흘러가는 환기의 날.

    환기란 이런 것이다. 작은 방에 난 작은 창을 열어두고 바람이 드나들도록 가만히 두는 것. 묵은 냄새와 먼지를 데려가고 조용히 머문 바람만으로 충분한 것. 시간의 밀도보다 시간의 흐름을 감각하는 날이 종종 필요하다.

3부

고요한 폭풍

반드시 찬란할

지난 겨울에는 온종일 사람들과 함께했다. 쉬지 않고 이야기를 나누고 허기를 느낄 새도 없이 먹고 마시며 촘촘히 하루를 메꿨다. 마치 작은 틈이라도 생기면 큰일이 날 것처럼, 그 작은 구멍으로 나라는 사람이 쏟아져 사라지기라도 할 것처럼…….

사람들과 헤어지고 오지 않는 버스를 기다리는 동안 덮쳐오는 추위보다 고요해진 주변에 머리칼이 쭈뼛 서는 것만 같은 긴 겨울을 보냈다.

그 시절 좋아하던 드라마 주제곡처럼 누구라도 상관없으니 나를 좀 안아줬으면 하는 마음으로 부지런히 밖을 나섰다. 빈손을 흔들며 정처 없이 헤매다가도 불현듯 누군가와 두 눈을 마주치면 도망치듯 사라지기 바빴다. 외로움보다 조금 더 무거웠던 두려움이 나를 지켰을까.

등을 보이면 시작되던 고독을 어른스럽게 삼키는 법을 몰랐다. 그리하여 도망자처럼 긴 계절을 헤맸다. 곁에 머문 고독과 등을 맞댄 후에야 비로소 찬란한 사랑과 마주 볼 수 있다는 것은 아무리 가르쳐 주어도 믿기지 않는 일이므로. 눅눅한 외로움에 젖어 밤새 콜록거린 후에야 등을 쓸어주는 다정한 손길을 만났다. 겨울이 가야 봄이 온다는, 긴 세월 비껴간 적 없는 통과의례처럼.

잠식

과묵한 사람이 짓는 고요한 미소.
기다리던 이의 늦은 귀가.
긴 수화음 끝에 들려오는 목소리.
같은 자리에서 맞는 꾸준한 아침…….

밀려드는 안도감과 함께 나를 슬프게 하는 것들, 울고 싶게 만드는 것들. 그앞에서 한없이 무너지고 싶은 순간들이 있다. 나를 놓아버리고 다른 것을 붙들고 싶어지는 무참한 순간들.

고요한 폭풍

누구라도 나를 폭 안아주기만 한다면 살겠던 시절이 지나고, 서로의 모서리를 매만지며 둥글게 살아가고 싶은 **그 사람**과 함께 새 계절이 도착했다. 몇 발짝 뒤에서 느리게 말을 거는 사람의 그림자를 밟으며 내 안에 고요한 폭풍이 일고 있다는 것을 직감했다.

커다랗게 울리는 종소리 없이 조용히 내려앉은 무언가를 사랑이라고 불러도 좋다는 것을, 그때는 몰랐다.

사랑을 말하려면

사랑에 대하여 말하려고 하면 사랑은 언제나 수줍은 손끝 사이로 미끄러져 버리고 만다. 서둘러 붙잡으려고 해도 움켜쥐기에 사랑은 너무 말랑하고 가만히 물끄러미 바라만 보기에는 마음이 안달 나 종종걸음이 되고 만다. 어디서나 꼿꼿하게 산책하듯 나아갈 수 있던 건 사랑을 마주한 적 없었기 때문인지도 모른다. 우아하게 사랑하고 싶다는 말로 마음을 아꼈던 건 사실 넘어뜨리려고 해도 쏟아지지 않던 마음이 스스로 멈췄던 것일지도 모른다.

 사랑에 관해서는 쓰지 않는다고 했던 날들이 모두 거짓은 아니었다. 알지 못했기에 쓰지 못했다. 사랑처럼 보이는, 사랑과 비슷한, 사랑 같은, 감쪽같지만 사랑이 아닌 것…에 대해서는 얼마든지 이야기할 수 있었지만 그 모든 말들이 영수증에 새겨진 숫자들처럼 캄캄한 주머니 속에서 휘발되어 버릴 것을 알았다.

그러하여 마지막 카드처럼 남겨둔 페이지를 오늘에야 채우기 시작한다. 허겁지겁 빈 속을 채우듯 빈 페이지에 사랑을 쏟아낼 수도 있었지만 조금 더 천천히 문장들을 유예한다.

더듬더듬…….

나는 문장을 더듬는다. 다음으로 이어져야 할 말을 까맣게 잊어서가 아니다. 수많은 모래 속에서 반짝이는 별 가루를 모으는 심경으로 문장을 더듬는다.

서른 너머 사랑

서른이 넘어 만나 사랑하게 된 이의 어린 날들을 만질 수 없다는 것이 종종 사무치게 슬퍼질 때가 있다.

할머니 댁에 가면 시골 동네 아이들이 작은 돌멩이를 던지며 놀리는 게 싫었다던 어린 당신을 등 뒤로 숨겨줄 수 없어서. 학창 시절 내내 전교 회장을 한 탓에 매년 생일 잔치를 크게 열었다던 그의 생일 잔치에 초대받을 수가 없어서. 가장 가까운 자리에 앉아 그의 얼굴에 생크림을 묻힐 수가 없어서. 기대보다 즐겁지 않았다던 그의 대학 시절에 짠! 하고 나타나서 웃겨줄 수 없어서.

그의 오래된 친구들을 만나고 돌아올 때

면 우습게도 옅은 질투가 번진다.

다만 기쁠 수 있는 것은 우리의 서른 너머 사랑은, 사랑을 안다고 자신하던 십 대처럼 여전히 무모하고 스무살 못지않게 활기차다는 것이다. 이전에는 없던 약간의 쥐뿔은 가지고 있고.

거울 앞 여인

 종종 밀려드는 슬픔을 이기지 못할 때, 눈물과는 조금도 어울리지 않는 천진한 시간으로부터 도망치듯 화장실로 숨으면, 거울 앞에 서면 그곳에 입술을 숨긴 채 어설픈 얼굴을 한 여인이 서있다. 그 여인은 내가 가장 사랑했고 사랑하는, 그리워하고 그리워할, 보고 있어도 보고 싶은 한 사람을 닮았다.

 종종 화장실을 다녀오면 분홍색으로 물든 눈가가 반짝이던 엄마. 그녀에게는 어떤 비밀이 있었을까. 눈물을 웃음으로 위장하던 어린 엄마의 얼굴이 나에게서 희미하게 스치는 중이다.

갈망하는 꿈

나의 갈망은 종종 꿈으로 발현된다.

어릴 적에는 마론 인형이 머리맡에 둥둥 떠다니는 꿈을 꿨다. 머리맡에서, 컴퓨터 책상 위에 잠시 앉았다가 화장실을 지나 안방으로 이어지는 복도까지… 갈색 긴 머리카락에 늘씬한 몸매를 가진 쥬쥬가 공기 중을 떠다니는 환상 같은 꿈이었다. 허공을 향해 손을 허우적거리던 감각이 아직도 생생하다. 이제 다 왔다 싶을 때면 소리도 없이 한 뼘 멀어지던 쥬쥬보다도 짧은 팔이 미웠던 예닐곱 살의 나.

커다란 비눗방울을 탄 듯 동동 춤을 추며 멀어지는 쥬쥬를 따라서 현관문을 열고 복도 끝 엘리베이터까지 갔다는 것은 엄마의 놀란 목소리와 함께 잠에서 깬 후에야 알았다. 그제야 맨발로 서있던 복도 바닥의 맨질맨질하고 서늘한 촉감이 느껴졌다. 무슨 꿈을 꾸었냐며 채근하던 엄마에게 마론 인형 이야기를 털어놓게 된 것은 그로부터 십수 년이 흐른 후였다. 셈도 할 줄 모를 만큼 어렸지만 유치원에서 마론 인형이 없는 게 우리 자매뿐이라는 걸 엄마가 알게 하고 싶지 않았다. 예쁘게 포장된 크리스마스 선물이 쥬쥬나 비비가 아니라 크라운산도 딸기맛이라서 실망했다는 것을 숨기고 싶었다. 다만 어린 나는 나를 속일 만큼은 능숙하지 못해서 한 동안 꿈속에서 쥬쥬를 쫓아 다니다 돌아오곤 했다.

원했지만 가지지 못한 것이 쥬쥬만은 아니었다. 초등학교를 입학한 후에는 걸스카웃 단원이 되어 운동장을 부지런히 뛰어다니며 텐트를 치는 꿈을 꾸기도 했다. 푹 자고 일어난 후에 팔다리가 욱신거리는 것만 같은 착각을 하기도 했다. 이마에 울긋불긋한 여드름이 올라오던 사춘기 시절에는 새하얀 피부를 가진 멋진 어른이 되는 꿈을 꿨다. 넋을 놓고 바라보는 사람들의 시선을 즐기며 온종일 이곳 저곳을 다니는 꿈을 꾸고 난 후에는 조금 더 오래 거울 앞에 서있고는 했다. 꿈에서 깬 후에는 허무했냐고 묻는다면, 아니 그렇지 않았다고 말하고 싶다. 꿈을 꿀 수 있어 좋았다. 정확히 말하자면 이불속에서만이 아니라 이불 밖에서 꿈을 이루겠다는 생각으로 지금껏 살아왔는지도 모른다.

결핍에 잡아먹히는 삶도 있지만 결핍을 먹고 자라나는 삶도 있다. 다행히 나는 무엇이든 닥치는 대로 먹고 자라날 만큼 커다란 갈증을 안고 태어났다. 이제 더는 내게 쥬쥬가 필요하지 않지만 여전히 이따금 허공을 향해 허우적거리다 잠에서 깨곤 한다. 어쩌면 나의 갈증은

환경이 아니라 성향에서 비롯된 것인지도 모른다. 어느 것도 당연하게 주어지는 것은 없다는 것을 일찍이 깨달았고 때로 가난한 기분을 느끼곤 했지만 서른이 지나 생각해 보면 그것이 나를 슬프게 했던 적은 없던 것 같다. 도리어 나를 슬프게 했던 것은 어떤 꿈도 꾸지 않던 때였다. 그저 깜깜한 밤, 암전 같은 시간이 지나고 찾아오는 현실과 현실과 현실······.

무엇도 간절하지 않은 삶이야말로 결핍이다. 꿈의 결핍은 별이 뜨지 않는 밤이고, 소풍이 없는 삶이다. 우습게도 고작 한 뼘 나아진 형편에 잠시 느슨해져 있었다. 그러다 다시 꿈을 꾸기 시작했다. 며칠째 반복되는 꿈속에서 나는 이제껏 느껴본 적 없는 환희를 맛본다.

나의 아침은 다시 활력을 되찾았다. 꿈속에서 내가 무엇을 찾아 달리는지는 아직 누구에게도 말하지 않았다.

작은 마음

작은 마음을 모으면
고작 작은 마음들이 되는지도 모른다.
애초에 큰 마음 같은 것은 존재하지도,
필요하지 않을지도 모른다.

작은 것들이 모여서
겨우 작은 것들의 집이 된다는 게
미치도록 위로가 될 때가 있다.

나를 아는 사람들

나보다 나를 더 잘 안다는 식으로 이야기하는 사람들을 종종 만나곤 한다. 꾸준하게 나에 대한 확신을 펼쳐놓는 사람을 만날 때면 이상한 반항심이 들어 반기를 내놓으면 그마저도 예상했다는 (그마저도 예상했던) 답이 돌아온다. 그럴 줄 알았어,의 돌림 노래 같은 대화가 이어지다 보면 일순간 웃음이 터진다.

한때 드라마 속 대사처럼 나에 대해 뭘 아느냐고 소리치던 시절도 있었다. 사람이라면 누구나 자신을 온전히 들키고 싶어 하지 않기 마련이니까. 그러나 이제는 나를 안다고 자랑하듯 이야기하는 이들에게 고마움과 사랑스러움을 느낀다. 맞든 틀리든 꾸준히 나를 알아가기 위해 시선을 두는 그 성실함과 애정에 잠시나마 거만해지는 기분을 만끽하면서.

인연

묘하게 눈길이 가고 발길이 닿고 손길이 뻗치는 곳이 있다. 그다지 잘나지 않아도 이상하게 마음이 기우는 사람과 공간에게는 공통점이 있다.

    언제 마주쳐도 마음이 놓이고 가만히 들여다보고 있노라면 더 깊이 오래 머물고 싶어진다는 것이다. 마치 아주 오래전부터 서로를 기다렸다는 듯이. 그런 사람과 공간을 만나면 독점하고 싶은 마음을 감춘 채 조용히 탐색하듯 머문다. 그들에게도 내가 조금은 다르게 느껴지는지, 그래서 우리는 마침내 인연이 될 수 있을 것인지를 묻는 듯이.

인연이라는 것은 결코 한 쪽짜리 마음만으로는 안된다는 것을 알기에 다만 기다릴 뿐이다.

저쪽에서도 나를 들여 봐주기를, 그리하여 마침내 서로를 알아보기를.

오래된 노래

오래된 노래를 듣는다. 오래된 노래에는 요즘의 것으로는 대체될 수 없는 느끼함이 있다. 부끄러움을 모르고 기꺼이 울어버리는 마음. 죽음을 불사하겠다는 불꽃같은 고백들. 한때 손발을 오그라뜨리며 진절머리를 치던 감정의 폭풍이 여전히 오래된 노래 속을 돌고 있다.

눈물을 모아 하늘에 닿을 때까지 편지를 쓰겠다는 여린 목소리를 따라서 흥얼거리다가 문득, 이 미련한 사랑들은 지금 어디쯤에 도착했을까 궁금해졌다. 다시는 같은 사랑을 할 수 없을거라며 영원을 약속하던 여린 목소리는 정말 더는 새 사랑을 노래하지 않았을까….

사랑을 생애 단 한번 주어지는 목숨처럼 여기던 노래들이 가끔 듣고 싶어진다. 사랑이 가장 사랑답게 대접받던 시절이 문득 그리워지곤 한다. 그럴 때마다 오래된 유행가를 찾아듣는다. 부끄러운 줄 모르고 사랑에 울고 웃는 노래들을….

미안하다

부모의 미안하다는 말이 잦아질수록 자식은 할 수 있는 말이 없다. 자신의 인생이 수없는 용서를 먹고 자랐기 때문이고, 자신에게는 감히 그들을 용서할 자격도 없기 때문이다.

그저 가만히 기울어진 눈썹과 등을 바라볼 뿐이다. 여전히 한없이 자식에게 기울어진 그들의 마음을 다 알지 못한 채.

옹졸한 마음

미움 앞에서는 전전긍긍하다가도 사랑 앞에서는 거만해지고 마는 옹졸한 자신이 싫어질 때가 있다. 마음이 그렇게 작동해서는 안되는데 자주 잊는다.

고구마 싹

밀린 설거지를 하다가 부엌 창틀에 둔 고구마 화분이 눈에 들어온다. 아침 바람에 흔들거리는 키 높은 고구마 싹은 늦가을의 어느 날에 남편이 둔 것이다. 턱 낮은 접시에 물을 야트막이 붓고 그 위에 앉혀둔 고구마 밑동은 물을 먹고 성실하게 싹을 키웠다. 겨우 유치만 하던 싹은 엄지손톱만 해졌다가 이제는 한 뼘으로는 잴 수 없을 만큼 더 커졌다.

 봄이 오면 뒷산에 묻어줄 거라던 남편의 말에, 그전에 죽게 되면 어쩌지 싶었는데 때마다 물을 주고 볕에 내둔 올리브 나무보다 윤이 난다. 아무도 모르게 제 몫을 다해 자라나는 생명에 대해 생각해 본다. 어딘가에서 뿌리를 내리고 저마다의 열심히 다 해 살아내고 있을 고구마 싹 같은 존재들을 떠올린다.

　어쩌면 나도···.

　문득 기특한 생각이 들어 조심스럽게 고구마 싹을 쓰다듬는다. 이제 봄이다. 고구마는 뒷산에서도 제 자리를 찾을 것이다. 나는 이제 보이지 않아도 쭉 뻗어갈 것을 믿을 수 있다.

사랑과 용서가 번지면

촛불 하나가 두 개가 되고 세 개가 되는 일처럼 사랑과 용서도 쉽게 번질 수 있다면 얼마나 좋을까. 곁을 스치기만 해도 사랑이 물들고 잠시 눈을 맞춰도 용서를 잉태할 수 있다면…. 몸을 웅크린 채 방 안에서 첫 눈을 맞고 여름을 나는 이들에게도 새 신발이 필요해질지 모른다.

거짓말처럼 모두가 한마음이 될 수만 있다면 좋겠다고, 이 땅에서 천국을 꿈꾸는 순간이 자꾸만 는다.

최초의 우정

피카츄 라이츄 파이리 꼬부기
버터플 야도란 피존투 또가스
서로 생긴 모습은 달라도
우리는 모두 친구~
- 맞아!

이른 오후 단지 앞 놀이터에서 익숙한 노래가, 어린아이들의 제각각의 발음과 음역대로 쏟아져 나온다. 반가운 마음에 고개를 들어보니 겨우 내 허리춤 정도 될 만한 키 작은 아이들이 벌게진 얼굴로 목청을 높이고 있고 그 옆에는 아무렇게나 던져둔 책가방들이 서로 기대어 겨우 쓰러지지 않고 있다.

겨우 내 나이의 반의반 정도에 불과한 이 애들이 내가 저 나이만 했을 때 부르던 노래를 알고 있다는 게 이상하기도 하고 반갑기도 했다가… 끝내는 뭉클해졌다.

    저 노래를 부르며 신발 주머니를 힘껏 돌리다가 신발 한 짝을 잃어버리고
    저 노래를 부르며 주머니 속에 있는 동전을 모아다가 과자 한 봉지를 사서 이름도 모르는 친구들과 나눠 먹고
    저 노래를 부르며 술래잡기를 하다가 너무 꽁꽁 숨어버린 친구들에게 삐지기도 하고…

    그렇게 자랐다. 책가방에 가려진 제 몸집이 저렇게 작은 줄도 모르고 손톱만한 고민들이 매일 조금씩 자라나던 시절. 갈 곳이라고는 운동장, 놀이터가 전부였던 그때 다같이 한 목소리로 만화 주제가를 부르면서 우리가 느꼈

던 건 어쩌면 최초의 우정이었을지도 모른다.

서로 다르게 생긴 외모와 겹치지 않는 필살기를 가진 포켓몬들의 이름을 목청껏 호명하며 함께 눈빛을 교환하고, 잠시 숨을 골랐다가

서로 생긴 모습은 달라도~
우리는 모두 친구,

그리고 이어서, 누구랄 것도 없이 가장 큰 목소리로 맞아! 맞아! 하며 힘껏 고개를 끄덕이며 서로에게 무한한 동의를 보였다. 자잘한 이유로 쉽게 토라지고 편을 갈랐어도 겨우 노래 한 소절에 마음이 풀리기도 했던 그 여린 마음들이 내게는 아득히 멀어졌지만…,
여기 조그마한 손으로 그네를 붙잡고 있는,
짧은 다리를 풀썩이며 힘껏 시소를 타고 있는

아이들에게는 여전히 유효할지도 모른다는 생각을 해본다. 그렇다면 나는 이들의 최초의 우정이 발현되어가는 순간을 목격하고 있는 걸까.

맹(盲)

무언가를 맹렬히 갈망하고
누군가를 맹목적으로 지지하는 마음.
참으로 아름답고 참으로 두려운 마음.
삶을 가꾸고 또 파괴할 수 있는 연료.

불행히도 다행히도 나에게는 없는 것.

추락하는 마음

추락하는 마음이 되어본 적이 있는 사람들은 행복에서도 불안을 찾아낸다. 이를 잡듯 샅샅이. 빛이 무성하게 쏟아지는 한낮에도 좁은 그늘 속으로 몸을 묻는다. 더 자랄 수 있던 환희는 그렇게 멈춘다.

행복을 뒤쫓는 불안에게서 도망치느라 하얗게 질려버린 그들을 누가 나무랄 수 있을까. 매일 작은 회초리를 마음에 품은 채 스스로를 야단하는 그들에게 필요한 건 부드러운 연고 같은 품, 하나인데.

당신의 삶을 거슬러

가끔 누군가 사무치게 미워질 때면 그의 시간을 거슬러 올라가는 상상을 한다. 굳은 얼굴이 천진하게 풀어져 있던 시절로. 거친 피부가 한없이 말랑거리고 푸석한 머리칼이 작은 바람에도 나부꼈을, 여리디 여린 시절로.

그리하여 눈앞에 보이는 것이라고는 사랑과 다정한 시선이 전부였을 시절에는 그에게도 나와 같은 슬픔과 기쁨을 향유하고 이해하고 안아줄 수 있는 품이 잠재되어 있었을지도 모른다고. 주제넘는 상상을 해보곤 한다.

우리가 서로를 향해 줄 수 있는 것이 한숨과 곁눈질뿐이라는 게 서글퍼질 때면 눈앞의 당신을 지나쳐 그 알 수 없는 세월을 제멋대로 이해해 보려 한다. 그것이 내게는 높은 벽을 쌓으며 당신을 미워하는 일보다 조금 더 쉬운 일이라.

목소리

내가 가장 오래, 혼돈 없이 사람을 기억할 수 있는 건 목소리다. 생김새와 취향은 세월에 따라 얼마든지 달라질 수 있지만 목소리는 오래 본래의 틀을 유지한다.

억지로 우스꽝스러운 연기를 하지 않는다면 단번에 알아차릴 수 있다. 수화기 너머에, 문 너머에, 벽을 사이에 두고 흘러 들어오는 말들의 주인이 누구인지를.

그래서일까. 나는 무엇보다도 상대의 목소리를, 조금 더 정확히 말하자면 말소리에 마음이 오래 머문다. 긴 세월 그의 삶의 태도와 사랑의 모양을 따라서 다듬어져 갔을 그만의 둥글고 평평한 말들. 높은 가운데 낮고, 낮은 가운데 높은 지루하지 않은 음역. 차분하게 진동하며 공중으로 새어 나가는 의미들.

 잠에 든 듯 느리게 이어가는 말소리를 끈기 있게 듣다가 사랑하게 된 적이 있다. 여름이 녹아내리는 한밤의 산책에서 끈적거리는 쭈쭈바를 주물거리며 가벼운 물음에도 오래 생각에 잠겨 있던 당신이 어렵게 입을 열었을 때, 그 바위처럼 낮게 굴러가던 목소리를 평생 듣고 살아도 좋을 거라고 별안간 벼락 같은 결심이 섰다.
 그 결심은 유효한 결과가 되어 우리의 삶의 모양을 바꾸어 놓았고 그 목소리는 여전히 혼돈 없이 나에게 매일 닿는다.

4부

여전히 흔들리는 곳에

가스불

삶이 여유로워질 때면 불현듯 불안감이 스친다. 따듯한 차 한 잔과 함께 기분 좋은 대화를 나누다가 문득, 가스불을 꺼두고 나왔는지 확신이 들지 않을 때처럼.

그럴 때마다 나를 조금 더 믿을 수 있다면 좋을 텐데. 나약하게도 불안은 쉽게 꺼지지 않는다. 아쉬운 대화를 멈추고 급히 택시를 불러 타고 가서 기어코 꺼둔 가스불을 확인할 때까지.

적막과 적막

이른 아침에 눈을 뜰 때의 적막과
늦은 밤에 깨어 있을 때의 적막은 다르다.
모두 잠든 시간에 홀로 깨어 있을 때
어떤 마음이 되는가.

아직 더 깨어 있어야만
잠들 수 있다는 괴로움과
조금 더 긴 시간을 가졌다는 안도감은
아침과 밤처럼 먼 곳에 있는 마음이다.

눈앞에 푸르른 장면이 닮아 있어도
마음만은 아득히 먼 시각.
그 먼 곳의 마음은 어디에나 있다.

거울 너머

이따금 거울에 비친 얼굴이 무서울 정도로 낯설게 느껴질 때가 있다. 어딘가 조금 달라진 느낌. 어제보다 코가 더 구부러졌다던가 왼쪽 눈이 조금 올라간 기분……

 그러한 착각과 기분들이 쌓여서 늙고 저물어가는 모습을 자연히 받아들이게 되는 것일까. 언젠가, 거울을 바라보았을 때 저편에 서 있는 것이 내가 아니라 칭 너머 미래에서 나를 기다리고 있는 누군가를 본 듯 서글퍼지는 날도 있겠지. 나를 잃지 않겠다는 듯이, 잊지 않겠다는 듯이 거울 앞에 서서 긴 시간을 보냈다.

기도

상황을 바꿔 달라는 투정과
상황을 견딜 수 있는 힘을 달라는 기도는
다르다.

이 절망과 괴로움에도
한 줌의 사랑이 숨어 있을 거라는,
절대자를 향한 믿음.

온전히 부서지기로 결심하는 용기에서
기도는 시작된다.

의심

의심이 없는 사람들이 의심스러울 때가 있다. 벌게진 얼굴로 뛰쳐나오는 사람들. 찢어지는 듯한 외침과 함께 터질 듯한 분노를 쏟아내다 별안간 눈물을 터뜨리며 서로를 부둥켜안는 사람들이 시끄럽게 모였다가 조용히 도망치듯 흩어진다. 부둥켜안던 사람들이 다음 계절에는 서로 흘겨보며 증오를 뱉는다고 해도 더는 놀라지 않을 세상을 살아간다.

스티커를 떼었다 붙이듯 달라지는 입장에 매일 혼미해지는 중이다. 찬성이 아니면 반대, 반대가 아니면 찬성뿐이라며 등 떠미는 세대에게는 의심과 증명의 단계가 없다.

고수

유일하게 싫어했던 음식이 있다면 고수였다. 너도나도 권하던 고수를 보면 필사적으로 코를 막았는데, 어느 날 문득 그 향이 좋아졌다. 그때부터 아무 음식에나 고수를 넣어 먹기 시작했다. 누군가 내게 갑작스러운 변화의 이유를 묻는다면 달리 해줄 수 있는 말이 없다.

역하게만 느껴지던 비릿한 향이 어느 날에 문득 향긋하게 느껴졌다는 애매한 대답 외에는.

어쩌다 그렇게 됐는지 설명하기 어려운 변화들이 있다. 평생에 가까웠던 입맛도 하루아침에 달라진다. 그러하기에 나는 나조차 어느 것도 장담할 수 없다.

휴일

아무도 없는 집에서 긴 시간을 보내다 보면 마치 내가 이 세상에 남겨진 유일한 인류처럼 느껴질 때가 있다. 어느 날에는 쓸고 닦으며 반나절을 보낸다. 내게 주어진 시간과 공간을 허투루 쓰지 않았다는 것을 보이지 않는 누군가에게 증명하고 싶은 허영에 땀을 쏟는 날이 있다면, 어떤 하루는 부끄러움도 모른 채 종일 이불에 파묻혀 마음껏 무력한 시간을 보내기도 한다.

납작하게 눌린 머리칼을 벅벅 긁으며 겨우 몸을 일으키는 늦은 오후, 부엌으로 가는 길목에 몇 번의 현기증을 느끼며 이러면 안되겠다는 생각에 영양제를 털어 물과 함께 삼킨다. 잠시 서서 손톱만 한 알약들이 목구멍을 통과

해 무사히 위장으로 내려가 주기를 기다린다. 조용히 찾아오는 허기를 알아차리고 간단한 식사를 만들어 먹는 동안, 이 하루를 값없이 살며 내가 생산한 것이라고는 긴 잠과 빠진 머리카락 몇 올, 슬리퍼의 구겨진 모양 밖에 없다는 걸 생각해 낸다.

    한때 매분매초를 쫓기듯 살았다. 그때 늘 바라던 것이 내게 느슨한 시간이 있다면 빌려다 쓰는 것이었다. 그때 빌렸던 시간을 되돌려 받은 걸까…. 우스운 생각을 하며 다시는 시간을 빌려 쓰지 않아도 될 노인처럼 느리게 흘리는 하루가 있다. 내일이면 허둥대며 사람들 속으로 뛰어들어야 한다는 것을 모르는 사람처럼.

좋았을 그때

어린 조카의 괴성에 가까운 웃음 소리가 천장에 닿을 때마다 참 좋을 때라는 생각을 한다. 마치 날아갈 듯이 양팔을 활짝 벌리고 달려오는 아이의 미소는 한 번도 거절받은 적이 없어 이토록 해맑고 자신만만하다. 달리는 게 익숙하지 않아 자주 넘어져도 땅을 짚고 용을 쓰며 일어나면 그만이다. 부끄러움과 수치를 모르는 아이의 집요한 기상(起床)은 치졸하지 않다. 다만, 용감하고 아름다울 뿐이다.

무엇도 바라지 않아서 다만 존재만으로 찬사와 사랑을 한 몸에 받고 흘리는 아이의 작은 몸집을 볼 때면 매일 조금씩 멀어지고 있는 내면의 아이를 불러보고 싶어진다. 그때 흘렸던 사랑과 다정을 나에게 조금만 빌려줄 수 있는지 부탁하고 싶다.

사랑과 믿음이라는 이름으로 은근하게 밀려오는 기대와 책임이 나를 납작하게 할 때, 더 해볼 수 있는데 부끄러워서 멈추게 될 때 나는 종종 웃는 것과 우는 것 밖에는 할 줄 모르는 아이가 되고 싶어진다.
　작은 그늘도 슬픔도 금방 까먹어 버렸을, 참 좋았을 그때.

달리기

가끔 이유 없이 어디론가 달려 나가고 싶어진다. 숨이 벅차오르는 기분이 싫어서 어릴 적부터 달리기라면 애를 쓰고 열외를 받아냈는데 어른이 되고 나니 가만히 누워 있어도 숨이 차오를 때가 있다. 제자리에서 머리가 맴맴 울릴 때 가만히 누워 신물을 삼키는 대신 이불을 박차고 일어선다.

아직은 어디로, 어느 방향으로 가야 할지 몰라서 달리지 못했지만 언젠가… 누구도 깨어 있지 않은 밤에 신발 끈을 꽉 당겨 묶고서 튀어 오르듯 달리고 싶다. 숨이 턱 끝까지 차오르고 마침내 진짜 숨이 터져 나올 때까지.

인상파

어릴 적 별명은 인상파였다. 좀처럼 웃지 않던 얼굴 때문이었다. 그 무렵에 나는 일요일 밤마다 개그콘서트를 보다가 데굴데굴 구르며 웃음을 멈추지 못해서 혼이 나곤 했는데, 교실에서만큼은 웃지 않았다. 이가 보이면 큰일이라도 나는 것처럼 암만 웃긴 일이 생겨도 이를 악물고 버텼더랬다. 도저히 웃음을 참을 수 없을 때면 책가방 속에 머리를 묻고 소리 없는 웃음을 터뜨리곤 했다. 웃는 얼굴을 누구에게도 보이고 싶지 않게 된 것은 우연히 듣게 된 말 때문이었다.

- *걔, 웃는 얼굴이 좀 이상한 것 같애.*
  무표정한 얼굴은 괜찮은데.

당번 청소를 마치고 교실을 빠져나오다가 우연히 들려온 내 이름에 귀를 기울이다 듣게 된 말이었다. 남 말을 전혀 듣지 않던 나에게도 짝사랑하던 남자아이의 말은 힘이 셌다. 지금이라면 네 얼굴이 더 못났다고 되갚아줬겠지만 지글지글한 사춘기를 겪던 나는 그날부터 웃지 않는 아이가 되어버렸다.

함께 웃고 구르며 가까워지는 시절을 외롭게 보내게 된 것은 고작 우연히 엿들은 한마디 말 때문이었다. 웃음이 날 때면 얼굴을 손으로 가리거나 푹 숙여 버리는 습관은 긴 시간이 흐른 후에야 고칠 수 있었다.

지금처럼 어디서든 이를 훤히 드러내며 활짝 웃을 수 있게 된 것은, 내 웃는 얼굴이 마음을 편안하게 해 준다는 누군가의 말 덕분이었다. 시끌벅적한 모임에서 정확히 누가 했는지는 기억나지 않는 그 말을 되뇌며 거울 앞에서 활짝 웃어보았던 밤이 있었다. 그 밤 이후로 나는 가릴 것 없이 시원하게 웃음을 터뜨렸다. 웃을 때면 커다란 눈이 길게 눕는다는 것을 다 큰 어른이 되어서야 알았다. 어릴 적에 도둑맞은 웃는 얼굴과 함께 자존감까지 되찾았다. 고작 우연히 엿들은 한마디 말 덕분에.

 내 웃는 얼굴보다는 무표정한 얼굴이 더 낫다던 아이는 제 말이 어디까지 흘러 들어가 남았는지 결코 몰랐을 것이다. 내게 웃는 얼굴을 되찾아준 이도 마찬가지일 것이다. 다만 한가지 분명한 것은 미운 말에는 이름표가 있지만 고운 말에는 이름표가 없는 것이다.

간밤에 꾼 꿈

간밤에 꾼 꿈이 아침을 지나 오후의 나를 흔든다. 말수를 줄이고 조용히 턱을 괴고 앉아 있는 나에게, 꿈은 반대라며 무슨 꿈이었든 신경 쓸 일이 아니라는 그녀의 말에도 안심이 되지 않는다. 지난주에는 자신의 꿈을 두고는 무의식의 발현이라고 하지 않았던가. 그때 나는 그녀가 무슨 꿈을 꾸었는지는 묻지 않았다.
꿈이라는 것은 본래 깨이서는 온전히 기억할 수 없는 것. 본인조차 이해하지 못하는 꿈의 서사가 타인을 이해시킬 리 만했다.

뜨거운 찻잔을 두 손으로 감싸 안으며 꿈속에서 만난 작은 집을 떠올렸다. 동그란 창문이 있던 집이 본래 작았는지, 꿈을 깬 후에 휘

발되는 기억과 함께 줄어들든 것인지 기억나지 않는다.

홀짝.

찻잔을 비워갈수록 창문의 모양은 동그라미에서 네모로 바뀌어갔다. 집 앞에 서있던 어린아이는 나였다가, 오래전 헤어진 친구였다가…. 나중에는 그곳에는 아무도 없었다.로 기억의 마침표가 찍혔다.

간밤에 꾼 꿈처럼 거짓말에 능한 이야기도 없다. 그 거짓말에는 화자도 청자도 모두 나뿐이다. 꿈. 그곳에는 오직 내가 있다. 내가 짧은 인생 동안 조용히 엮고 끊고 숨기고 파헤치던 나도 모르는 비밀들이 이따금 재치기를 하듯 꿈속 작은 파편들로 튀어 오르는 지도 모른다.

하나둘 줍기도 전에 사라져 버리는 꿈의 파편들.

까치와 까마귀

봄이 되니 까치들이 동네 작은 산천에 포르르 포르르… 모여든다. 가까이 들여다보니 까만 턱시도를 입은 것 같기도 하고 하얀 배를 내놓고 까만 망토를 두른 것 같기도 하다. 까만 부리를 잔디에 부비는 모양이 귀엽지만 그 순간은 마주한 자만의 것. 사진으로 남기려고 들면 포르르, 포르르. 이내 어디론가 사라져 버리고 없다.

어릴 적에 부른 노래 때문인지 까치를 보면 좋은 소식이 찾아올 것 같은 예감에 기다리고 있는 몇 가지 일을 떠올려 보며 마음이 들뜬다. 속설일 뿐임을 알면서도 부르고 듣고 자란 세월은 생각을 단순하게 만들었다.

지난겨울, 일본을 여행하던 중에 그곳에서는 까치가 아니라 까마귀가 길조라는 이야기를 들었다. 흐린 하늘을 뒤덮듯 무리 지어 날던 까마귀들에 분위기가 스산해지려던 중에 듣게 된 이야기가 다행스러웠다. 한결 누그러진 마음으로 까악 까악 울어대는 까마귀들을 바라보다가 문득 런던에 보낸 어느 여름에 보았던 까마귀 한 마리가 떠올랐다.

유난히 무더운 여름이었다. 커다란 공원에 누워서 음악을 듣다가 마트에서 사 온 체리로 요기를 하던 중에 어디선가 날아온 까마귀 한 마리가 우리 곁을 서성이고 있었다. 윤이 나는 까만 깃, 예리한 눈에 압도되어 가지고 있던 체리를 몇 개 던져 주고 말았다. 당장이라도 달려와 체리를 쪼아먹을 것이라는 예상과는 달리, 까마귀는 잠시 가만히 체리를 바라보다 그대로 나무 위로 올라가 큰 소리로 울기 시작했다.

별안간 시작된 귀가 찢어질 듯한 까마귀 울음소리가 무서워서 자리를 옮기려고 하는데 어디선가 날아온 까마귀들이 나무 위에 모이기 시작했다. 그러더니 천천히 내려와 바닥에 던져진 체리를 함께 쪼아먹기 시작했다. 그때 처음 알았다. 까마귀는 의리가 좋다는 것을.

일본만이 아니라 영국에서도 까치는 흉조였다. 반짝이는 것을 훔치고 모으는 습관 때문에 흉조로 여긴다고 했다.

까치와 까마귀.

까 씨 성을 가진 두 새는 어쩌다 길조와 흉조라는 오해 혹은 이해를 나누어 가지게 되었을까. 이곳과 저곳에서 서로 다른 시선으로 환대와 홀대를 받는 게 어디 까치와 까마귀뿐일까 생각해본다.

 미움과 사랑을 정신 없이 오가는 우리에게 달라진 것이라고는 존재가 아니라 변덕스럽게 바라보는 시선뿐일지도 모른다.
 까치와 까마귀 같은 우리들. 환대와 홀대 사이에서도 언제나 의연하게 자유하게 제 삶을 비행하기를.

봄은 언제나 목련

봄이 드리워진 산책길에서 걸음이 늘어진다. 마른 가지 위에 움튼 푸른 새싹이 어린아이의 젖니처럼 기특해서 조심스럽게 쓰다듬는다. 지난 산책길에서 둥글게 몸을 말고 있던 꽃봉우리가 며칠 사이에 기지개를 켜며 내놓은 꽃잎들이 아름다워서 걷다 말고 사진을 찍는다.

걷다 말고 사진을 찍고 사진을 찍다 말고 사진을 전송한다. 봄이 온 줄도 모르고 내내 수습하듯 하루를 보내고 있을 이들에게 봄이 여기 코끝에 내려앉았다고. 1이 사라지지 않아도 기다리는 마음 없이 사진을 하나 더 전송한다.

언제나 봄은 벚꽃보다는 목련. 목련이 탐

스럽고 아름답게 피었다고.

 이달 말이면 목련은 다 사라지고 없을 거라고. 꽃잎이 아닌 꽃송이를 떨구고 마는 처연하고도 단단한 목련의 이별이 도착하기 전에 우리 얼굴을 보자고. 이 봄이 우리를 더는 싱숭생숭하게 만들지 못하기 전에.

여름의 용기

여름이 내려 앉으려는 4월의 끝자락이다.
 그제보다 어제의 아침이 빠르게 도착했고 오늘의 아침은 어제보다 환하게 찾아왔다. 이 불잇에 가라앉는 햇살이 무거워질 때 간밤의 잠을 떨칠 힘을 얻는다.

 헝클어진 머리를 그대로 두고 하얀 바람막이를 걸쳐 입고 뒷산으로 향했다. 아파트 단지를 빠져 나오고, 이른 출근을 위해 무거운 걸음을 옮기는 사람들을 지나쳐서 마침내 아스팔트를 벗어났다. 흙과 이끼를 밟으며 발 밑으로 흐르는 무수한 생명을 생각했다. 헤아릴 수 없을 만큼 생경한 이름과 모양의 생명들이 여기에 존재한다는 사실. 그것만으로도 더는 산을 두려워하지 않게 되었다. 높은 곳을 상상하는 것만으로도 손발이 차가워지고 현기증이 나던 내게는 기적과 같은 변화다.

지난겨울에는 몇 번이나 미루었다가 겨우 올랐던 산이었다. 마른 가지처럼 떨리던 다리를 붙잡으며 올랐다가 내려올 때는 주저앉아 엉덩이로 내려왔다시피 했다. 눈을 뜨면 두려움에 사로잡혀 나아갈 수 없을 것 같아서 겨우 뜬 실눈으로 무수한 생명을 목격했다.

거목에 붙은 작은 호랑나비
덤불에 속에 홀로 피어 있는 이름 모를 꽃
어지럽게 겹쳐진 작은 개와 고양이 발자국
키 큰 나무들이 만들어내는 성벽….

뾰족하게 솟은 산. 가파르고 험난하게만

보이던 길이 누군가에게는 집, 누군가에게는 은신처라는 것을 알게 된 이후로 두려움은 옅어지기 시작했다. 자주 자발적으로 산에 오르기 시작했다. 등산이라는 말이 거창할 만큼 작은 동산에 불과하지만 나와 무관하던 세계에 작은 문을 낸 것처럼 기쁨과 만족을 누리며 뒷산을 올랐다.

두려움이라는 것은 어디에서 오는지를 문득 생각해 본다. 실체보다 앞선 두려움은 결국 알지 못함에서 비롯되는 것이 아닐까. 그곳에 무엇이 있는지 알지 못해서, 그기 누구인지 알지 못해서 정보의 빈자리에 마구잡이식으로 두려움을 집어넣게 되고 결국 가장 빠른 결말이 포기가 되는 게 아닐까.

여름의 초입, 푸른잎이 무성한 산길을 오르며 너무 이르게 닫어버린 문들을 하나씩 열어볼 용기를 내본다.

야생화

나는 흔히 말하는 온실 속 화초는 아니지만 길가에 심긴 줄도 모르게 심겨진 잡초는 더욱이 아니다. 부족함을 모르고 자라지 못했으나 시작도 전에 포기를 배우는 적도 있었으나, 때맞게 내리는 비와 드리워지는 그늘 속에서 한껏 자라날 수 있었다. 때때로 예기치 못한 바람에 이리저리 흔들리며 신음했지만 돌아보면 그리하여 품은 향기를 조금 더 멀리 퍼뜨릴 수 있었다.

우산 없이 젖는다고, 아름답지 않다고, 가진 것이 없다고 잡초는 아니다. 바람 한 점 불지 않는 온실에서만 꽃이 피지 않는다. 가장 아름답고 오묘한 향기는 비바람 속에서 더욱 짙어지고 정처 없이 흔들리며 멀리 퍼져간다.

잡초 같은 삶은 어디에도 없다. 저마다 제 몫의 향기와 아름다움을 품고 있다고 믿는다. 다만 아직 발견되지 못했을 뿐이다. 비와 바람이 멈춘 자리에서 누군가 당신을 향해 고개를 숙일 것이다.

　모두에게 발견되지 않아도 충만한 아름다운 삶은 언제나 우리의 것이다.

해방

해방의 기쁨은 억눌려 본 자들만의 것.
더 갈 데 없이 높아진 이들은
정상에서도 야호를 외치지 않는다.
정복의 기쁨은 정상에서 희미해지는 법.

없어서 낮아서 누릴 수 있고
증폭되는 기쁨이 있다.
가져서는 가지지 못하는 것이 있다.

레코딩

빗방울이 떨어지는 소리
석양이 물들어가는 모양
꽃봉오리가 터지는 순간….

살아가면서 그 아름다운 순간을 알아차리고 눈과 귀에 담는 시간은 얼마나 될까. 서른이 지나가는 동안 두어 번 목도했던 아름다운 순간들이 늘어진 테이프처럼 빛을 바라는 중이다. 이제 다시 새로운 레코팅이 필요하다. 숨을 죽인 채 두 눈과 귀로 온전히 기록하는… 그 짧은 기록이, 삶에서 멀어지고 싶을 때 우리를 또 살게 할 것이다.

문장과장면들은 우리가 이야기하는 방식입니다.
우리는 세상에 작은 빛을 전하기 위해 책을 펴냅니다.
Sentence and scenes are the way we talk.
We publish books to give the world a little light,
wtih jesus.